7
LK 1194I.

VOYAGE
A
CHAMBÉRY.

. . . . . . Quiconque ne voit guère,
N'a guère à dire aussi. Mon voyage dépeint
Vous sera d'un plaisir extrême.
Je dirai, J'étais là, telle chose m'avint;
Vous y croirez être vous-même.
LA FONTAINE, *les deux Pigeons.*

VOYAGE
A CHAMBÉRY,

PAR

VINCENT CAMPENON.

TROISIÈME ÉDITION.

A PARIS,

DE L'IMPRIMERIE DE DIDOT JEUNE.

M. DCC. XCVII.

ENVOI

A ÉLIZA.

O vous qui présentez l'image
Du malheur et de la beauté ;
Vous qui cachez l'âme d'un sage
Sous les dehors de la bonté ;
Souffrez qu'échappé du naufrage,
Un jeune et simple Troubadour,
Après un fortuné retour,
Dépose à vos pieds son Voyage.

La vie est un pélerinage :
Heureux qui le fait avec vous,
Et qui, par un sentier si doux,
Parvient au pénible passage
Où nous devons arriver tous !
Heureux celui qui près de vous,

Dans sa plus chère jouissance,
S'unit à votre adversité !
Ce qu'il ôte à votre souffrance,
Doit tourner à sa volupté.

De votre aimable bienveillance,
Eliza, je sens les effets ;
A la place de mes regrets
Vous m'avez fait voir l'espérance ;
Près de vous j'ai trouvé la paix
Que le ciel vous avait ravie,
Et vous m'attachez à la vie
Quand elle est pour vous sans attraits.

Si de mon sort telle est l'image,
Si je m'éloigne du malheur,
C'est à vous que j'en dois l'hommage.
De vos biens goûtez la douceur :
Pourquoi du deuil de votre cœur
Vouloir affliger votre ouvrage ?

RELATION

DE MON

VOYAGE A CHAMBÉRY.

ADRESSÉE A MA SŒUR.

Les déesses au teint de buis,
Filles de la Vieillesse et des sombres Ennuis,
Les déesses impitoyables,
Les Parques, puisqu'il faut en prononcer le nom,
Avaient marqué ma place aux bords de l'Achéron,
Et leurs ciseaux inexorables
Allaient finir ma vie et mes malheurs.
De mes jeunes amis la troupe désolée,
En détournant les yeux, laissait tomber des pleurs ;
Moi-même je pleurais, et l'excès des douleurs
Conduisait au tombeau ma jeunesse isolée ;
Je succombais enfin, quand la tendre amitié,
Par une touchante prière,
Des dieux en ma faveur implora la pitié.

Du trépas aussitôt la froide avant-courière,
La fièvre, loin de moi fut porter ses vapeurs;
 Le dieu de la Convalescence
 Chassa les trois vilaines sœurs ;
 Et, sur un nuage de fleurs,
 Je vis descendre l'Espérance.

Il n'est que trop vrai, ma chère Virginie, que je viens d'avoir une maladie des plus sérieuses ; je ne croyais plus guère t'écrire que des bords du Cocyte ; mais mourir loin de toi, privé de tes soins et de tes embrassemens, était une fin trop cruelle, et que je n'avais pas méritée. Une vieille garde-malade, qui ronflait chaque nuit à mes côtés, m'avait pourtant mis dans le secret de ma position par une confidence peu rassurante: quelques bonnes âmes me regrettaient d'avance ;

et un petit amour en pleureuses et en cheveux longs, s'apprêtait à te griffonner mon épitaphe. De mon côté, je cherchais à me consoler d'un mal que je ne pouvais éviter ; je me disais :

Qu'un doux regret me mène aux sombres bords ;
Qu'un ami vrai, dans de tendres alarmes,
A mon trépas accorde quelques larmes,
Et que son cœur me suive chez les morts.
Qu'il dise un jour : « La folle renommée
« Ne lui fit pas respirer sa fumée ;
« Mais de l'amour il connut les douceurs ;
« Sa voix timide a chanté les neuf sœurs ;
« A l'amitié surtout il voulut croire.
« S'il s'est trompé, ce fut à cette erreur
« Qu'il dut sa gloire, ou plutôt son bonheur.
« Il sut aimer ; c'est toute son histoire.
« Las ! il est mort, mais il vit dans mon cœur. »

Enfin, les soins de l'amitié plus que

ceux de la médecine, et surtout la bonté de mon tempérament, m'ont rendu à la santé.

Une belle dame, de ce qu'on appelait le grand-monde, a dit, *qu'avant de faire mourir des gens comme elle, le bon Dieu y regardait à deux fois;* pour moi, je crois avec plus de vraisemblance, que c'est avant de séparer deux cœurs étroitement liés, avant d'enlever un frère à sa sœur, un ami à des amis, que le ciel *y regarde à deux fois;* et j'aime à croire que je dois la vie à cette précaution de la Providence.

Je ne sais rien d'aussi maussade que ces tempéramens insolemment robustes, sur lesquels la maladie n'a jamais de prise. Quoi de plus mal-adroit que d'être toujours bien portant ? Une maladie du moins donne du relief à la santé, et nous la fait mieux apprécier. Le printemps ne nous plaît que parce qu'il vient après l'hiver. Tout est si bien arrangé dans ce monde, que le mal même a son mérite.

L'avis de mon médecin fut que je devais prendre de l'exercice aussitôt que je le pourrais : c'était bien le mien aussi ; et dès que je pus sans danger suivre mon goût et son ordonnance, je me mis en route sans savoir où j'irais, mais avec l'intention bien déterminée de ne pas trop m'éloigner de mes pénates. Dés*** s'offrit à m'accompagner dans mon voyage ; et par un beau jour d'automne, à trois heures après midi, un bâton à la main, un Horace, un La Fontaine dans la poche, nous quittâmes Grenoble, et partîmes en véritables chercheurs d'aventures.

Muse, qu'invoquait Bachaumont,
Et qui siéges au double mont
Près d'Hamilton et de Bocace,
Choisis tes pastels les plus frais,
Et viens verser sur mes portraits
Cette élégance, cette grace,
Cet enjoûment, ce sel français,
Et ce vrai ton du badinage
Que Chapelle a si bien saisi,
Quand il peint *monsieur d'Assouci*
N'ayant plus pour tout équipage
Que ses vers, son luth et son page.

Figure-toi, ma sœur, quelle fête c'était pour un homme qui, depuis six semaines, n'avait respiré d'autre atmosphère que celle d'une alcove fiévreuse, qui n'avait vu d'autres fleurs que celles qu'on mettait dans ses tisanes,

D'aller sous un ciel pur, sous ces pins toujours verts,
Des pivoines joyeux écouter les concerts;
Ou, sur le bord de l'eau qui baigne la prairie,
Respirer le printemps, le bonheur et la vie !
O vous, disais-je, ô vous trop ardents à jouir,
Écoutez la leçon que fait l'expérience :
Il faut de quelque peine acheter le plaisir,
Et la privation double la jouissance.

Tout en faisant ces réflexions, nous nous aperçûmes que nous étions à deux cents pas de Grenoble, sur la route de Chambéry. Nous avions à notre droite l'Isère, qui promenait assez tristement son eau sale et bourbeuse; de l'autre côté, notre vue se portait sur des paysages plus riants; c'était au dessus de la Tronche, le côteau qui domine ce faubourg, tout parsemé de jolies habitations couvertes en tuiles rouges et garnies de fenêtres bien vertes; c'était des bouquets d'arbres fruitiers dispersés çà et là; quelques vignes au pampre large et noir; des jardins cultivés; des rochers chauves et pelés, à côté de rochers fertiles jusqu'au sommet et couronnés de fleurs; et enfin au dessus de tout cela, une couche de neiges éternelles, à travers laquelle on voit percer les têtes de quelques sapins vieux et tristes.

> Là, sur un trône de frimats,
> L'Hiver a fixé son empire;
> La plante, ou l'oiseau qui respire,
> Languit et meurt dans ses états.
> Mais plus bas, Pomone frileuse
> Protège les frêles boutons,
> Et de son haleine amoureuse
> Echauffant les jeunes bourgeons,
> Hâte la vigne paresseuse.
> Flore même sur ces jardins,
> Où rougit la rose vermeille
> Parmi des touffes de jasmins,
> Semble avoir versé sa corbeille.

Nous ne nous lassions pas d'admirer ce contraste de la nature morte et sauvage, et de la nature animée; cette réunion de l'hiver et du printemps.

Qui le croirait ? ce n'est pas sous ce beau ciel que la muse de l'Idylle doit venir chercher ses bergères. Celles qui habitent ces campagnes n'inspirent aucune idée gracieuse à l'imagination du poète ; elles sont presque toutes jaunes : leurs joues n'ont ni coloris, ni embonpoint, et leurs cous gonflés se sentent un peu du voisinage de la Savoie. Leurs tailles sont minces et déliées ; mais elles perdent, sous un costume bizarre et mal-entendu, tout ce qu'elles peuvent avoir de gracieux. Leurs cœurs sont, dit-on, longtemps vierges, et leurs mœurs toujours innocentes ; mais pour peu qu'on les étudie, on rejette bien vîte sur leur indolence et leur apathie naturelle, ce qu'on attribuait d'abord à leur sagesse ; et l'on s'afflige de voir que les plus beaux sites de la nature sont habités par des âmes froides et indifférentes.

Cette superbe contrée est arrosée par la plus sale des rivières. Son eau, couleur d'ardoise, inonde, après la fonte des neiges, les champs qui l'avoisinent ; et ces ravages fréquens empêchent l'industrie et la culture de s'approcher de trop près de ses bords. Nous faisions, en la regardant, ces remarques peu flatteuses pour elle, quand nous vîmes son eau se noircir encore davantage, tournoyer sur elle-même en vagues circulaires ; et il en sortit une femme livide au teint olivâtre : c'était la naïade de l'Isère elle-même qui, se formalisant de nos propos, nous apprit qu'elle descendait en droite ligne du Mont-Isaro; qu'après avoir traversé la Savoie, une partie du Dauphiné, et inondé quelques caves de Grenoble, elle se mariait avec le Drac, et que de compagnie ils allaient tous deux se précipiter dans le Rhône, au dessous de Romans.

> Alors, d'un ton soumis et doux:
> Belle Nymphe, dit l'un de nous,
> Si vous voulez que dans le monde
> Nous puissions nous louer de vous,
> Dans votre course vagabonde
> Respectez les vins du pays,
> Et n'allez pas verser votre onde
> Dans les celliers de nos amis.

Nous ignorons si la vilaine naïade

aura écouté notre prière, mais nous la vîmes se plonger aussitôt dans sa vilaine eau.

A mesure que nous avancions, la scène variait et devenait plus majestueuse. Une portion des Alpes se déployait à notre droite, avec leurs sommités couronnées de neiges, et leurs ceintures de nuages bleuâtres. Cette chaîne de montagnes inaccessibles en dominait plusieurs autres plus rapprochées de nous ; et ce groupe de monts entassés présentait en perspective un vaste amphithéâtre.

On jouit de ce coup-d'œil jusqu'à Mont-Bonot, village à deux petites lieues de Grenoble, dont les guinguettes sont renommées à dix lieues à la ronde. Les jours de fêtes, les gourmands et les grisettes y accourent en foule.

> C'est là surtout que Bacchus est fêté ;
> Là, tout le jour, le buveur intraitable,
> Avec le vin, fait circuler à table
> Les gros bons mots, la bruyante gaîté,
> Et du quartier l'histoire véritable.

Là, mainte fois, en l'air les bouchons élancés,
Retombent sur le nez des buveurs arrosés.
La nuit seule met fin à ces festins rustiques.
Le soir, de Chambéry viennent quelques marmots
Qui, barbouillés de suie et les pieds en sabots,
Font gémir le clavier de leurs vielles gothiques,
Montrent les airs nouveaux aux femmes, aux maris,
Et tout fiers de fixer l'attention publique,
Font voir aux curieux la lanterne magique,
Et la lune, et le diable, et Jean-Bart, et Paris.

Des habitans, chargés sans doute

de faire les honneurs du pays, nous offrirent d'attendre la soirée pour prendre notre part de ce divertissement; nous eûmes le courage de refuser, et nous continuâmes notre route.

A quelque distance de Mont-Bonot on rejoint encore l'Isère. Ici, cette rivière est mieux encaissée : ses deux rives offrent au crayon du dessinateur des études délicieuses ; et de la route même, nous vimes voguer au gré d'une brise fraiche, sur son eau plus reposée ; quelques barques chargées de pêcheurs et de filets. Avant d'aller plus loin, reposons-nous un peu sur ces bords ;

Respirons-y quelques instans
La fraicheur de ce paysage :

Ce bois, cette eau, cet hermitage,
A mes yeux sont toujours présens.
Du troupeau qui rentre au village
J'entends encor les bêlemens;
Mon odorat cherche l'encens
Qui s'exhale de ce bocage;
Dans ce champ peuplé de roseaux,
Je vois encor cette chaumière,
Ces saules aux pâles rameaux,
Ces genisses, cette laitière,
Ces ombres, ces jets de lumière,
Et tout le charme des hameaux;
Je vois surtout ce petit pâtre,
Les pieds nus, la face rougeâtre,
Appuyer son petit genou
Sur ce marche-pied de feuillage,
Doucement incliner le cou,
Poser ses mains sur le rivage
Qui sert de lit à ce ruisseau,
Et, pour s'abreuver de son eau,
Y plonger son joli visage.

Ce voyage-ci, ma chère amie, ne ressemble point à celui que nous fîmes à Nantes ; je ne retrouve plus ces points de vue délicieux qu'on ne découvre que sur les bords de la Loire ; le chemin où nous sommes, ne vaut pas cette belle chaussée qui mène d'Angers à Tours ; et les montagnes que j'ai devant les yeux, ne sont pas habitées comme celles des environs de Blois, où l'on voit des villages entiers bâtis dans le roc. L'industrie et la nécessité ont creusé, dans les rochers qui bordent la Loire, des logemens à plusieurs étages : toute une famille s'y met à bâtir sa maison, comme les hirondelles à construire leurs nids : le soleil y pénètre d'un côté par des fenêtres garnies de mousse et de feuillages ; et l'habitant de l'étage le plus élevé a son champ au dessus de sa tête, et se voit, pour ainsi dire, couronné de ses épis.

Mais ici la vallée de Graisivaudan nous offrait des aspects plus sauvages ; et si, dans les champs de la Touraine, la nature se pare de tous les atours de la coquetterie, si elle étale tout le luxe de l'abondance, elle ne frappe guère ici que par la pompe de ses tableaux et la singularité de ses accidens.

Lumbin mérite un article à part. Nous arrivâmes à ce village avec une troupe de vendangeurs qui avaient *gagné la belle heure*. Les voix perçantes des jeunes filles qui fredonnaient toutes ensemble, le bruit aigre d'un violon qui les précédait, celui des clochettes suspendues au cou des mulets qui portaient la vendange, les quolibets des conducteurs à demi enivrés des vapeurs du vin, ce tumulte confus, ce cortége pastoral, donnaient au village un air de gaieté et de vie.

Après un moment de repos, la troupe de vendangeurs se partagea en cinq ou six groupes, qui formèrent autant de contredanses. Toutes les figures brillaient de plaisir ; tout le monde paraissait content. Tout le monde ? je me trompe :

Trois vieilles qui filaient quittèrent leur ouvrage,
Et d'un ton courroucé, d'un regard envieux,
Vinrent, en grommelant, faire cesser les jeux.

Ainsi donc, en tout temps, à la ville, au village,
De nous autres humains l'envie est le partage !
On condamne le bien dont on ne peut jouir,
Et, croyant s'en venger, on médit du plaisir.

Les Parques, nous dit-on, font les mêmes grimaces,
Lorsqu'au bal de l'Olympe on voit danser les Graces.

Le chagrin que donna ce petit contretemps fut bientôt dissipé; on parla de consulter le devin. Ce devin était présent : c'était un vieux berger consommé dans le *petit Albert*, ne jurant que par *Mathieu Lansberg*, et annonçant à point nommé les phases de la lune, les changemens de temps et les éclipses. Dès que son nom fut prononcé, toutes les mains des jeunes filles se trouvèrent tendues vers lui : il les prenait, les examinait l'une après l'autre, et renvoyait les crédules villageoises, après leur avoir fait les plus belles promesses du monde. Par exemple, nous l'entendîmes dire à une des trois vieilles, qui voulut aussi le consulter :

>Je lis dans cette main gentille,
>Que quand votre dernière fille
>L'hiver prochain se mariera,
>Pour sa cadette on vous prendra.

A cette prophétie, quelques jeunes garçons du village, esprits-forts sans doute, pouffèrent de rire, d'un air d'incrédulité qui déconcerta l'oracle. Pour rétablir un peu sa réputation, nous lui conseillâmes de mettre un peu moins d'invraisemblance dans ses prédictions.

Ainsi, lui dîmes-nous, sans crainte promettez
Aux volages amans de volages beautés ;
Au bavard, des succès ; au savant, des disgraces ;
Au sage, une retraite aux petites-maisons ;
A l'âme honnête et pure, au moins vingt trahisons ;
A la vertu, des fers ; à l'intrigant, des places ;
A tous les charlatans, le droit de nous duper.
En prédisant ainsi, de Paris jusqu'à Rome,
Des gens dignes de foi prétendent que tout homme
Est sûr en pareil cas de ne jamais tromper.

Nous lui laissâmes notre recette ; et nous nous séparâmes de la bande joyeuse, au moment où elle allait commencer

Ces petits jeux qu'inventa l'innocence,
Et que l'amour, par un tour plein d'esprit,

A su depuis tourner à son profit ;
Où la beauté confie à l'inconstance
L'aveu naïf de ses premiers desirs ;
Où les baisers, les chansons, les soupirs,
Sont au vaincu donnés en pénitence ;
Où, vers le soir, l'Amour offre de loin,
En folâtrant, la main à la Folie,
Et la Raison, seule et triste en son coin,
Les yeux baissés, boude de jalousie.

Ce spectacle me ramenait naturellement aux amusemens de mon enfance, aux premiers sentimens de mon cœur. Je m'écriai douloureusement :

O jours de mon bonheur ! qu'êtes-vous devenus ?
Où sont mes premiers jeux, mes premières folies,
Et ces soupers suivis de ces danses jolies ?
O jours de mon bonheur ! ne reviendrez-vous plus ?
C'est à cet âge heureux qu'à mes yeux éperdus
  Toutes les femmes semblaient belles ;

J'aimais leurs touchantes vertus,
Et je croyais que les modèles
Des graces et de la beauté
L'étaient aussi de la fidélité.
Le temps m'a détrompé : le temps, qui sur ses ailes
Emporte nos erreurs et jusqu'à nos desirs,
Me les peint aujourd'hui de pinceaux plus fidèles :
Je regrette les pleurs, les chansons, les soupirs
Dépensés pour ces inhumaines ;
Mais je ferais encore aujourd'hui mes plaisirs
De ce qui fit jadis mes peines.
Pourtant de tous ces biens que regrette mon cœur,
Le tien m'a consolé, ma chère Virginie,
Et l'on tient encore à la vie
Quand l'amitié reste au malheur.

Voilà ce que je me disais en m'arrachant à ce spectacle ; je me trouvais heureux de verser ces plaintes dans le sein de l'ami qui m'accompagnait, et je sentais, comme l'a dit La Fontaine,

qu'un ami véritable est une douce chose. Je laissais mon âme se reposer sur ces idées, et nous continuions silencieusement notre route, quand un tableau sublime vint interrompre, ou plutôt fixer nos réflexions.

Ici, Virginie, je demande toute ton attention. Si tu traverses jamais la belle vallée de Graisivaudan, si tu foules un jour ce chemin pressé de chaque côté par une montagne, je veux que tu puisses reconnaître le point de vue dont je vais essayer de te donner une idée. Je veux que tu puisses te dire : C'est là que mon frère a passé ; là, il a songé à moi ; voilà bien le tableau qu'il m'a dépeint. Que du moins alors tu éprouves une partie du plaisir que j'aurai goûté longtemps avant toi. J'ai pu quelquefois consentir à souffrir seul de mes peines, mais je ne veux pas jouir seul de mes plaisirs.

Il était près de sept heures du soir, en automne : la soirée était belle, le ciel pur, et l'air calme. Nous étions à près d'une lieue au-delà de Lumbin, à l'endroit où la route fait un détour. Là, le voyageur perd de vue le chemin qu'il a fait : celui qui lui reste à faire se dérobe aussi par un autre détour : il est de toutes parts environné de montagnes, et tout ce qui l'entoure est cultivé. Les rochers, dans ce point de la nature, ont dépouillé toute leur âpreté ; on ne leur voit plus cette teinte grisâtre qui fatigue l'œil; partout la vue s'élance ou se promène sur un immense tapis vert. Là, des ravines, effrayantes par leur profondeur, présentent le sillon de la charrue ; plus haut, sont des prés, des vergers et des fleurs, où l'on n'eût cherché que des cailloux. Sur toute cette scène riante, sont épars quelques bouquets de bois, du milieu desquels s'élève une fumée légère qui se réunit bientôt aux vapeurs des nuages : cette fumée dit que là est une chaumière habitée, et que ce beau pays n'est pas un désert : cette idée est consolante. Du point le plus élevé et le plus pittoresque de la montagne, une cascade s'élance en nappes d'argent, elle va se briser en écume blanchâtre à plus de deux cents pieds du point d'où elle part ; et après avoir descendu le côteau par une pente plus douce, après s'être reposée dans des champs de plantes aromatiques, elle vient couper la grande route, et passe aux pieds du voyageur, qui respire, avec la fraîcheur de son eau, l'odeur balsamique qui en jaillit, pour ainsi dire.

Le recueillement de cette scène n'était interrompu que par le murmure de cette eau, par la chute de quelques feuilles que les vents d'automne détachaient des arbres, et le son lointain d'une musette que les échos faisaient parvenir à nos oreilles.

La lune, qui jetait une lueur mélancolique sur toutes les pointes du côteau, semblait ceindre ce tableau délicieux d'une brillante auréole.

Pourquoi, ma chère amie, cette vue réveilla-t-elle dans mon âme des souvenirs douloureux ? Pourquoi me rappelait-elle tous les malheurs dont j'ai gémi depuis mon enfance ? Qu'avait de commun ce beau ciel, ce beau paysage, avec nos adieux, mes craintes sur toi, sur tout ce qui m'est cher, et le tourment inconsolable de l'absence ? Voilà ce qu'elle jeta d'amertume dans mon cœur ; et pourtant je m'attachais avec une sorte de charme à ces réflexions ; et pourtant, en les repassant dans mon âme, je jouissais d'une tristesse qui n'avait rien d'amer : car il est une sorte de volupté lugubre et douce attachée au souvenir du malheur.

La nuit qui s'avançait vint nous détourner de ces rêveries, et nous forcer de chercher un asyle. C'eût été déroger à notre qualité bien constatée d'aventuriers, que d'aller passer la nuit à l'auberge ; la lassitude d'ailleurs ne nous permettait guère d'aller prendre un gîte au Touvet, seul endroit où il y eût une hôtellerie. Nous fûmes forcés d'entrer à la première porte qui se trouva ouverte : c'était celle d'une chétive maison à quelques pas du village ; et qu'y vîmes-nous ?

Une bergère désolée,
Pâle de désespoir, muette de douleur,
Sur sa chaise était renversée :
Une lampe éclairait ce tableau du malheur.
Sa mère à ses côtés, triste de sa tristesse,
En grondant son enfant semblait la consoler.
De sourds gémissemens trahissaient sa tendresse,
Et son œil retenait des pleurs prêts à couler.
Sa fille était décolorée :
Ses yeux versaient des pleurs qu'elle cachait en vain ;
On les voyait rouler et tomber sur son sein,
Comme on voit sur un lis des gouttes de rosée.

Notre arrivée fit diversion à leur douleur. La bonne femme nous reçut sur notre bonne mine, et avec le ton de l'hospitalité la plus franche. Après nous être donnés pour des voyageurs égarés, nous demandâmes un gîte et un souper, et on nous promit l'un et l'autre de la meilleure grace du monde.

On conçoit aisément qu'une jeune fille éplorée devait exciter notre intérêt et piquer notre curiosité. Nous lui demandâmes tout bas :

De sa jeunesse à peine éclose
Quel souci dévorant ternissait la fraîcheur,
Et quel chagrin secret se cachait dans son cœur,
Comme un ver enfermé dans un bouton de rose ?

Elle nous apprit avec une grace et une naïveté charmantes, qu'elle aimait un jeune garçon du village, et que son amant venait de partir à l'instant pour la frontière avec un détachement de jeunes volontaires : elle nous fit même entendre le bruit du tambour qui accompagnait le détachement ; chaque coup de baguette lui glaçait l'âme et la faisait tressaillir.

Nous cherchâmes à la consoler de notre mieux, pendant que sa mère préparait le souper; mais un vieux goutteux, qui se donna pour le curé du village, vint détruire le fruit de nos consolations; et par ses questions plus fatigantes que celles du Bailli interrogant (1), il eut bientôt appris le sujet des pleurs qu'elle versait. Alors il morigéna la pauvre enfant du ton d'un homme habitué à avoir la police des consciences, et il termina sa mercuriale par cette péroraison :

Entre l'amour et l'innocence

---

(1) Voyez le Huron de Voltaire.

Lorsque le cœur est incertain,
Le desir se glisse en mutin
Entre l'amour et l'innocence,
Et vers lui tire la balance.
Or, contre l'amour c'est en vain
Qu'on veut tenter une défense,
Lorsque le cœur est incertain
Entre l'amour et l'innocence.

Quoique notre morale fût un peu moins sévère, nous ne voulûmes pas contredire le vieux rigoriste ; et, le souper préparé, nous nous mîmes à table avec lui. Ce festin ressemblait assez à celui de Philémon et Baucis. La table où l'on servit le repas champêtre, chancela plus d'une fois sur ses supports que le temps avait rendus inégaux.

Un long tissu de lin toutefois la couvrait.
Près d'un rayon de miel et d'un vase de lait,
Sur des pampres de vigne, au fond d'une corbeille,
La prune de Damas, le muscat violet,
Et le blond chasselas détachés de la treille,
Et la pêche étalant sa pourpre et son duvet,
Y flattaient nos regards de leur grace vermeille.

Enfin, à tout autre qu'à un convalescent, ce souper eût paru délectable. On nous offrait de si bon cœur! on était si fâché de n'avoir rien de meilleur! L'appétit, la reconnaissance nous aiguillonaient, et nous dévorâmes.

Le vieux curé s'était fait apporter du vin; et dans le cours du repas, il nous avoua en confidence que, pendant toute sa vie, il ne s'était connu que deux passions bien décidées, celles d'aimer le bon Dieu et le bon vin. Nous nous aperçûmes, avant la fin du souper, que la dernière était sa passion dominante; sa soif ne tarissait pas : il n'en était pas de même de sa bouteille, qu'il avait soin de remplacer dès qu'elle devenait un peu légère.

Ce repas frugal nous rappelait la vie patriarchale, les mœurs de l'Arcadie, et ce bel âge d'or si vanté par les poètes, dont il ne nous reste plus qu'un souvenir peut-être infidèle. Delà des regrets amers sur la fuite irréparable de ces beaux jours, et un hommage reconnaissant à la mémoire des gens aimables qui ont habillé cette erreur de toute la féerie de la poésie.

Nous parlâmes de Théocrite, de Gessner, de Deshoulières.

> Et toi, mon oncle et mon ami,
> Toi qui, dans l'art des vers, fus mon guide et mon maître,
> Qui peignis le bonheur (1) et ne pus le connaître,
> Sensible Léonard, chantre de Faldony (2),
> Dans tous nos souvenirs tu revivais aussi.

Nous regrettions surtout qu'une mort prématurée l'eût enlevé aux lettres et à l'amitié ; et dans nos regrets, nous le plaçâmes au séjour des ombres heureuses, entre Tibulle et Deshoulières.

> Tandis qu'ainsi l'on devisait,
> Le vieux pasteur, qui sur son banc dormait,

---

(1) Voyez les Idylles de Léonard.
(2) Voyez les Lettres de deux Amans de Lyon.

Ouvre à moitié ses pesantes paupières,
S'éveille, et voyant qu'on vantait
Et les ruisseaux et les bergères,
Et les moutons de Deshoulières,
Nous dit, recueillant ses esprits,
Et d'un ton pénétré de son petit mérite,
Que ces moutons étaient sa pièce favorite,
Surtout quand ils étaient rôtis.

Nous rîmes beaucoup de la naïveté du bon homme, qui s'imaginait sûrement que Deshoulières était le canton de toute la France le plus renommé pour les moutons, et qui voulait à nos yeux trancher du connaisseur, comme le singe de La Fontaine, qui donnait le Pyrée pour un de ses meilleurs amis.

Nous lui laissâmes finir son somme, et nous fumes commencer le nôtre.

Je te vois d'ici, ma chère, t'appitoyer sur la mauvaise nuit qui va succéder à ce souper. Où est Gabrielle? Ne dit-elle pas comme l'ami du pigeon voyageur :

Mon frère a-t-il tout ce qu'il veut,
Bon souper, bon gîte, et le reste?

Ah ! vos inquiétudes ne sont que trop fondées ; et je voudrais épargner à votre pitié fraternelle, la description de nos deux lits gothiques, et de la chambre où on nous les avait dressés.

Quatre fenêtres sans vitreaux
Y laissaient pénétrer tous les vents cardinaux :
Les rats, pendant la nuit, s'y livrèrent bataille
  Près de nos deux lits sans rideaux ;
Et pour toute défense, étaient sur la muraille

>   Deux soldats droits comme un bâton,
>   Crayonnés avec du charbon.
> Enfin, mauvais logis, méchant lit, pauvre chère,
>   Tout nous rappelait assez bien
>   Que nous avions manqué de faire
>   Notre oraison à saint Julien.

Mais il fallut en passer par là. La crainte de ne pouvoir pas dormir était assez naturelle à des gens couchés comme nous l'étions : nous ne pûmes nous en défendre ; et l'un de nous, en sa qualité de poète, crut devoir adresser la prière suivante à Morphée :

>   Viens sur ma paupière assoupie,
>   Sommeil, seul bien des malheureux ;
>   Au jaloux, à l'ambitieux
>   Laisse la brûlante insomnie.
>
>   Ne vas point verser tes pavots
>   Sur l'asyle où le crime veille,

Où, sans nul espoir de repos,
Cent fois l'avarice s'éveille.

Mais nous, dont l'âme goûte en paix
Du bonheur la douce chimère,
Le remords n'approcha jamais
De notre couche solitaire.

Jamais dans ton obscurité
Nos mains, que conduit l'innocence,
Par les éclats de la vengeance
N'ont troublé ta tranquillité.

Seulement quelquefois l'aurore,
En renaissant pour l'univers,
Sur le duvet nous vit encore
Agités du démon des vers.

Seulement tes ombres épaisses
Nous ont vus, dans un soin jaloux,
Veiller par fois pour des maîtresses
Qui dormaient sans songer à nous.

Mais c'est l'amitié qui t'en prie ;
Étends tes ailes sur nos yeux :
A l'avare, à l'ambitieux
Laisse la brûlante insomnie.

Soit que nos vœux aient été exaucés, soit que la lassitude nous ait endormis, nous finissions à peine, qu'un sommeil bienfaisant nous ferma les yeux.

Le lendemain, une courbature assommante nous empêcha de continuer notre route à pied. Nous voulions pourtant pousser jusqu'à Chambéry. On délibéra, et il fut décidé que nous chercherions des chevaux dans le village.

En historien véridique, je dois prévenir les voyageurs futurs, que les haras du Touvet sont détestablement montés. Des*** eut toutes les peines du monde à s'y procurer une vieille jument, encore se trouva-t-elle borgne ; et pour moi, par un grand hasard qu'on me fit considérer comme un grand bonheur, mon hôtesse m'offrit, pour continuer ma route, un misérable mulet qui tombait de vieillesse.

Il fallut nous en contenter, faute de mieux. Nous dîmes adieu à la vieille femme et à sa fille, et nous montâmes fièrement nos deux rosses, après nous être mis en garde contre les quolibets que ne manqueraient pas de nous lancer les passans. Dès que nous rencontrions sur la route quelque mine un peu caustique, ou seulement équivoque, avant qu'elle ait eu le temps de se divertir de nous, nous la prévenions par un grand éclat de rire, et nous piquions des deux.

Grace à cette recette, notre équipage grotesque cheminait à l'abri de toute épigramme. Déja nous découvrions les fortifications de Barraux. A cette vue, le vieux mulet qui s'était chargé de moi, se mit à hennir comme d'allégresse. Ce demi-aveu, joint à d'autres présomptions, nous fit conjecturer qu'il avait assisté, en 1598, à la fameuse expédition du connétable Lesdiguières, qui enleva cette place à la Savoie. Une teinte d'antiquité répandue sur sa figure que je vins à regarder, et un soupir qui lui échappa, achevèrent de nous le persuader ; et comme il ne s'en défendit pas, nous en demeurâmes convaincus.

Je te fais grace de beaucoup d'articles sans intérêt, et qui, en rendant ma relation trop longue, lui donneraient un air savant qui me convient peu.

Ma muse n'est qu'une bergère ;
Tout son esprit est dans son cœur :
Un chapeau de paille, une fleur,
Forment sa parure légère.
Trop d'importance lui sied mal,
Et rien de trop est sa devise ;
Ainsi j'abrége mon journal,

Et ne veux pas, suivant la guise
De plus d'un rimeur infernal,
Faire un poème lourd d'un léger badinage,
Et conter en grands vers un très-petit voyage.

Barraux n'offre rien d'extraordinaire, si ce n'est sa forteresse. Nous fûmes la visiter. On nous y montra des canons pris à la Savoie, il y a près de trois cents ans. Nous y remarquâmes aussi les restes d'un bas-relief qui a dû représenter la figure d'un Charles Emmanuel, duc de Savoie. Ce bas-relief est entièrement défiguré : on ne voit plus que la place où il a existé, encore est-elle partout mutilée de coups ; et l'homme qui nous conduisait nous dit à ce sujet, avec un sang-froid admirable, que depuis la fameuse journée de l'Esparon, où ce prince fut défait par Lesdiguières, tous les ans à pareille époque,

> La nuit, l'ombre de Lesdiguière
> Dans la forteresse apparaît;
> Qu'elle y traîne un long cimeterre,
> Long comme celui qu'à la guerre
> Notre connétable portait;
> Et qu'en passant près du portrait
> Du duc vaincu, l'ombre murmure,
> Et par un mouvement fatal,
> D'un vieux bâton de maréchal
> Va lui balâfrer la figure.
> Il ajoutait que cette injure,
> Jointe à toutes celles du temps,
> Avait dû, depuis deux cents ans,
> De ses traits changer la nature.

Tout en cédant à des argumens de cette force, nous quittâmes ce savant, après l'avoir remercié; et nous fûmes jouir du coup-d'œil de la foire qui se tenait ce jour-là à Barraux.

Quelle foire ! Ce n'est pas là que les curieux ou les gourmets doivent chercher

Les moissons du Bengale ou de la Jamaïque,
Ni le suc du roseau qui croît en Amérique,
Ni ces tapis persans qui couvrent nos parquets,
Ni les vins de Chio, ni ces tissus de soie
Dans les murs de Pékin fabriqués à grands frais,
Où l'or, fixé par l'art, en dessins se déploie.
Quatre marchands, à pied venus de la Savoie,
Sur des planches à l'air étalaient des lacets,
  Des rubans, des mouchoirs de soie,
  Et des assortimens complets
D'images, où l'on voit le noble jeu de l'oie,
Les quatre fils Aymon et leurs faits éclatans,
La belle Maguelone et l'histoire des Gaules.

Le soir, ils vont plus loin chercher d'autres chalands,
Portant leurs magasins perchés sur leurs épaules.

Nous profitâmes de l'occasion de la foire pour acheter, chez une manière de rôtisseur, deux perdrix aux brodequins rouges, et deux bouteilles de vin de Montmélian. Une des conditions de ce marché, fut qu'on nous les ferait porter sur-le-champ dans la plaine, avec ce qu'il fallait pour y faire une légère collation.

Nous quittâmes Barraux munis de ce petit viatique; et quand nous fûmes à cent pas de la place, nous nous arrêtâmes sur une grande pelouse verte. Là,

Je descends de mon Bucephal;

Nous dressons le couvert sur un lit de verdure ;
On fait une prière au grand saint Epicure,
  Et l'on s'assied tant bien que mal.
L'acier qui donne essor à la liqueur vermeille,
Décoiffe avec fracas l'une et l'autre bouteille ;
  Le vin s'échappe en flots mousseux,
  Et vient jaillir dans la fougère ;
Nous suffisons à peine au soin voluptueux
De remplir tour-à-tour et de vider le verre.
Nos deux perdreaux, blottis sous leur manteau de lard,
Prétendaient vainement esquiver la fourchette ;
Le fer a fait sauter ce fragile rempart,
Et le sang des vaincus a rougi notre assiette.
Enfin, dans le transport dont nous étions saisis,
  Nous bûmes si bien l'un et l'autre
  A la santé de nos amis,
  Que nous dérangeâmes la nôtre.

Il fallut pourtant remonter à cheval. Nous avions la vue trop offusquée par les vapeurs du vin de Montmélian, pour bien juger des beautés que nous offrait la nature ; un soin plus naturel nous occupait, celui de conduire nos chevaux sans encombre au milieu d'un chemin étroit et pierreux.

Mais le moment approchait où toute ma prévoyance allait être en défaut. A l'entrée d'un petit sentier que nous allions laisser à notre droite, mon mulet, profitant d'un moment de distraction, s'écarte brusquement de la route, et malgré mes efforts et mes menaces, m'entraîne, à travers de profondes ornières, dans ce chemin détourné. Au pas ferme et décidé dont il me menait, je jugeai que ma résistance serait inutile : je m'abandonnai à son caprice ; et satisfait de ma docilité, il fut d'un trait s'arrêter à la porte d'une ferme toute en ruines, où ce sentier allait aboutir. Je descends, je le suis : il entre dans la cour d'un air de connaissance ; et j'entends le fermier, sa femme, ses enfans, s'écrier tous avec joie : *C'est Forbans ! ah ! voilà Forbans !* On se presse autour de lui ;

On le fête, on l'accueille en cette humble retraite,
Comme on accueillerait un ami qu'on regrette.
Et moi, de ces transports ignorant le sujet,
J'interroge. On m'apprend que ce pauvre mulet
Était né dans la ferme, et que jamais peut-être,
Sans de bien grands malheurs, il n'eût changé de maître ;
Mais qu'enfin succombant à la nécessité,
Pour ceux qui l'entouraient craignant sa pauvreté,
Son maître, à le nourrir ne pouvant plus prétendre,

A CHAMBÉRY. 59

Au village voisin un jour alla le vendre ;
Et que depuis ce jour, malgré le froid, les vents,
Malgré son conducteur, Forbans, le vieux Forbans,
Dès qu'au bas du sentier il avait pu se rendre,
Se détournait toujours par un soin généreux,
Pour aller visiter ses hôtes malheureux.
Là, content de revoir le toit qui l'a vu naître,
L'enfant déja grandi qui fut son jeune maître,
Les pâturages verts, les fontaines, les lieux
Témoins de son bonheur et de ses premiers jeux,
Forbans, fier de l'accueil dont l'amitié l'honore,
Heureux de souvenirs, se croyait jeune encore.

Eh! quel est l'homme qui ne se sente rappelé par une voix secrette vers le lieu où il a rencontré le bonheur! Quel est celui de nous qui, après l'avoir perdu, n'en dépose une image dans le fond de son cœur, et qui, par un dernier besoin, au moment où toutes les illusions de la vie nous abandonnent, n'aime à songer qu'il fut heureux aussi : comme si le regret du bonheur était un dédommagement de sa perte !

A ma prière, on fit cesser la visite du vieux mulet beaucoup plus tôt que de coutume ; et par un mouvement de pitié qui me toucha, le bon fermier voulut qu'un de ses fils accompagnât Forbans jusqu'au bout du sentier. Là, le pauvre animal reprit sa vieillesse, qu'il semblait y avoir laissée ; et longtemps même après avoir quitté celui qui l'avait reconduit, il tournait machinalement sa tête du côté du petit sentier,

> Comme un voyageur, emporté
> Loin d'un séjour qui sut lui plaire,
> Tourne un regard involontaire
> Vers le pays qu'il a quitté.

Je m'empressai de rejoindre Des*** qui m'attendait, bien étonné de ma disparition. Je lui en appris les suites ; et tout en lui contant l'aventure du bon Forbans, nous arrivâmes au village des Marches.

De la route, on ne voit que quelques maisons du village, au pied desquelles passe un ruisseau. Ce ruisseau faisait autrefois la démarcation limitrophe entre la France et la Savoie : son eau limpide arrosait à-la-fois et séparait le territoire de ces deux états. C'est au-delà de ce filet d'eau que le ravisseur se voyait en sûreté avec son amante, le voleur avec son trésor, le libelliste avec ses manuscrits.

>C'est-là que nos banqueroutiers,
>Un pied posé sur la Savoie,
>Pouvaient dire, en sautant de joie,
>Bon soir à tous leurs créanciers.

Comme nos deux montures, après nous avoir très-rapidement balottés sur toute la route, ralentirent leur marche aussitôt qu'elles eurent franchi ce ruisseau, nous jugeâmes qu'elles avaient autrefois servi à plusieurs de ces messieurs, qui devaient sans doute être pressés d'arriver en terre franche, et qui, s'y trouvant enfin, se souciaient fort peu de courir la poste dans un pays où ils ne redoutaient plus la rencontre des huissiers.

Ici, nous sommes en pleine Savoie. Soit prévention, soit réalité, l'horizon nouveau qui se découvre à nous, cet aspect romantique, ces sites plus sauvages, annoncent une autre culture, d'autres mœurs, d'autres habitans.

« Le fruit de ces châtaigniers sert à
« faire le pain que nous mangeons
« dans nos fermes ; ce bon homme qui
« a les épaules couvertes de ses che-
« veux épars, est le propriétaire de ce
« champ de sarrasin (1) ; il habite à

---

(1) Connu sous le nom de bled noir.

« présent la cabane que vous voyez au
« bout, sa maison ayant été couverte
« l'hiver dernier par une avalanche (1);
« ces vergers plantés de mûriers, sont
« loués à des négocians de Lyon, qui
« cultivent des vers-à-soie; et cette
« boîte qui pend en sautoir derrière
« mon dos, renferme toute ma for-
« tune. » Le petit Savoyard qui nous
donnait ces renseignemens, ouvrit en
même temps la boîte qui contenait
son trésor, et nous y fit voir une mar-
motte : il nous apprit qu'il allait faire
son tour de France, et s'éloigna de
nous en chantant un air de montagne.

---

(1) Les avalanches sont des masses énormes de neiges qui se détachent des montagnes, et écrasent quelquefois des hameaux entiers dans leur chute.

Le Savoyard est naturellement bon, actif, et plus industrieux qu'on ne le croit communément. Les habitans de la campagne sont presque tous propriétaires ; il n'en est pas qui n'ait autour de sa chaumière quelques pieds de châtaigniers ou un carré de bled noir : ce sont-là leurs domaines. Dans les arrangemens de famille, les parens destinent presque toujours un de leurs enfans à faire ce qu'ils appellent son *tour de France*. Une fois cet arrangement pris, on ne s'inquiète plus sur le sort de celui qui en est l'objet ; c'est une sorte d'état qu'on lui assure ; c'est une dot qu'on lui donne. Avec cela, il part pour Turin ou Paris ; et après y avoir employé le temps de son absence à amasser un petit pécule, il rapporte le fruit de ses voyages et le produit de son industrie au sein de sa famille, où il revient toujours s'établir.

Tu sais, ma chère amie, que la Savoie fait à peu près tous les ans une émission de ramoneurs pour les cheminées de toute la France ; c'est de là que nous viennent ces petits commissionnaires si fidèles,

Aux cheveux plats, aux habits écourtés,
 Qui le matin, dans l'antichambre,
 Vont porter ces billets à l'ambre
Que l'étiquette ou l'amour a dictés ;
Qui plus souvent, la face toute noire,
Comme l'Amour un bandeau sur les yeux,

Vont nétoyant ces longs tuyaux fumeux,
Et sur les toits célèbrent leur victoire.

Nous rencontrâmes une bande de ces pauvres enfans qui, ce jour-là, faisaient route pour Paris ; le rendez-vous général était indiqué dans la plaine ; on les voyait accourir de tous côtés avec leurs vielles, leurs triangles, leurs orgues germaniques, et tout l'orchestre qu'ils promènent ordinairement avez eux. Leurs parens les accompagnaient tristement, et leur remettaient, avec quelque argent, deux ou trois chemises enveloppées dans un mouchoir. Ce mince trousseau est accompagné d'une remontrance, que les uns écoutent en riant entre leurs doigts, d'autres plus attentivement.

Un d'eux surtout, à la fleur de son âge,
Pour la première fois commençait ce voyage :
Sa mère, (à ce seul mot je sens couler des pleurs)
Sa mère le suivait, le cœur gros de douleurs,
Et le reconduisait jusqu'au prochain village.

 C'est ce ruisseau qui doit les séparer.
 Là, ses sanglots se livrent un passage.
Je la vis sur son fils attachant son visage,
Le prendre dans ses bras, sur son sein le serrer,
Et d'un cri qu'arrachait la douleur maternelle,
 Avant que de quitter ce lieu,
Se navrant à loisir de sa peine cruelle,
Lui dire, hélas ! peut-être un éternel adieu.
L'enfant, trop jeune encor pour s'affliger comme elle,
Essuyait une larme, et marchait en chantant....
D'autres, moins malheureux, emmenaient en partant
Leur père, leur famille, une sœur, une amie.
 Ceux-là du moins étaient joyeux ;
Ils ne regrettaient rien, ils avaient auprès d'eux
Tout ce qui peut donner quelque prix à la vie;
 Ils emportaient avec eux leur patrie.

Cette séparation, qu'im'en rappelait une aussi douloureuse, nous arracha quelques larmes; mais pour me consoler, je me disais :

Peut-être cet enfant, dans sa course volage,
Verra ma sœur, au sein d'un modeste ménage
A des devoirs chéris consacrant tous ses soins;
Il la verrait! disais-je.... et je le plaignais moins ;
   Et je voulais être de son voyage.

En suivant notre route, nous retrouvâmes la mère qui s'en allait seule et désolée : elle tournait souvent ses regards inquiets sur l'enfant qui s'éloignait; et quand elle l'eut tout-à-fait perdu de vue, ses pleurs, qui cessèrent de couler, nous avertirent qu'elle contemplait alors toute la solitude de son cœur.

Il n'était guère possible que cette idée passât dans mon âme sans quelque teinte d'amertume ; et la tristesse qu'elle m'avait inspirée nous accompagna jusqu'à Chambéry. Nous y fîmes une entrée assez maussade : une pluie froide commençait à tomber ; le vent la fouettait avec violence sur nous;

Et mon mulet, l'œil morne et la tête baissée,
Semblait se conformer à ma triste pensée.

C'est de cette dernière ville, où nous sommes depuis deux jours, que je te griffonne à la hâte ma froide épître. Une de nos premières sorties a été pour visiter la maison qu'abitoit madame de Warens. Nous fûmes plus affligés qu'étonnés du ton humiliant dont on nous parla de cette femme si tristement célèbre. A Chambéry, les hommes se la représentent toujours livrée aux caresses du jardinier Claude Anet, ou aux sales amours de ce garçon perruquier dont Jean-Jacques trace lui-même un portrait si dégoûtant ; et les femmes ne peuvent pardonner à Rousseau les révélations qu'il s'est permises à ce sujet dans ses *Confessions*. Le tribut de mépris qu'on paye ici à la mémoire de madame de Warens, ne nous a pas empêchés de nous faire indiquer déja la route qui mène à la petite campagne où elle a accueilli Rousseau dans sa jeunesse. Elle est à la porte de Chambéry ; et demain, si le temps le permet, nous commencerons cette promenade de grand matin. En passant par le sentier qui conduit aux Charmettes ; nous n'oublierons pas d'y cueillir des bouquets de pervenche (1), et nous irons les déposer, en offrande, à la porte du réduit champêtre où Jean-Jacques passa les premiers et les plus doux momens de son existence. Là, sans doute, se terminera notre pélerinage.

O toi, que pour mon cœur la nature a formée !
Toi, que d'un tendre amour j'aurais peut-être aimée,
  Si tu n'avais été ma sœur ;
C'est pour toi qu'en riant ma muse ainsi voyage.
  Deviens son juge et mon censeur :
  Lis son frivole badinage,

---

(1) On doit se rappeler, au sujet de la pervenche, le trait que cite Jean-Jacques dans ses Confessions.

Et fais rejaillir sur l'ouvrage
Un peu de l'amitié que tu dois à l'auteur.
Rappelle-toi ce jour où notre faible enfance,
Des champs de l'Amérique à jamais s'exilant,
Joyeuse de se voir sous un ciel moins brûlant,
Salua d'un souris les côtes de la France.
Eh bien ! depuis ce jour où les palmiers fleuris,
Les bois de cannelliers en voûtes arrondis,
Ne nous couvrirent plus d'une ombre fraternelle,
L'amitié, tu le sais, de sa chaîne éternelle
Nous a tenus tous deux étroitement serrés.

  Toujours unis, mais souvent séparés,
Ce doux lien des cœurs soutint notre jeunesse,
Comme on voit deux roseaux par les vents agités,
Sur un sol moins propice à regret transplantés,
D'un appui réciproque étayer leur faiblesse.
Hélas ! il m'en souvient, assis à tes côtés,
Ma muse à mes accens paraissait plus docile;
Florian, Léonard me dictaient des leçons;
Les belles à l'écart répétaient mes chansons,
Et les vers jaillissaient de ma plume facile.

Ce temps a disparu comme un songe léger,
Et, quand il fuit surtout, le plaisir a des ailes.
Entraîné loin de toi par des erreurs nouvelles,
Dans un an de tourmens mon cœur n'a pu changer :
Aimant d'amitié sûre et de tendresse extrême,
    Souvent dupe de ce qu'il aime,
Il crut, lorsque l'amour viendrait à s'envoler,
    Que l'amitié plus douce, moins volage,
Saurait le consoler des pertes du bel âge,
    Si l'on pouvait s'en consoler.
Mais la raison, traînant les ennuis à sa suite,
    Vient traverser ces aimables projets ;
    Et les jeux qui prennent la fuite,
M'annoncent que déja quatre lustres complets,
Suivis de quatre hivers, marchent à ma poursuite.
    Ah ! je le sens à mes regrets,
L'insensibilité jette son voile épais
    Sur mon existence flétrie ;
L'infortune a tari la source de mes pleurs,
    Et la plus douce des erreurs
    Est la première évanouie....

Muse, il faut cesser vos concerts;
La sagesse m'appelle au fond de ses déserts.
Adieu donc, ma douce folie;
Graces, Amours, délices de la vie,
Est-il donc vrai, pour toujours je vous perds?
En vous quittant mon cœur soupire :
Amour, voici mes derniers vers;
Je me sens seul dans l'univers,
Et de douleur je vais briser ma lyre.

FIN.

www.ingramcontent.com/pod-product-compliance
Lightning Source LLC
LaVergne TN
LVHW051514090426
835512LV00010B/2521